AF417643

LA ILUSIÓN DEL MOVIMIENTO

Álvaro Sangregorio

Publicado por: Render Ediciones

Primera edición: septiembre 2021

© Álvaro Sangregorio

ISBN: 978-84-09-33301-1

DEPÓSITO LEGAL: M-24800-2021

www.alvarosangregorio.com

Aquí es donde suelen advertirte, con tono amenazador y quasi apocalíptico, sobre la prohibición de copiar y utilizar fragmentos de esta obra bajo pena de condena eterna... Pues bien, en lo que al autor concierne, la poesía existe para ser compartida, regalada, convertida en aviones de papel lanzados de pupitre a pupitre... por tanto, haz con este libro lo que tu conciencia y tus medios te dicten, pero mantén vivas sus palabras. Eso sí, es de agradecer que, junto al poema, aparezca el nombre del autor y que, si vas a obtener lucro con ello... al menos, vayamos a medias.

ANTES DEL VIAJE

Pon un disco. Mejor en tocadiscos, pero se admite Spotify.

Estas páginas están impregnadas de sabores dispares, de sonidos aparentemente desligados… Sonaba *The Queen is Dead*, sonaba *Unknown Pleasures*, sonaban *The Bends*, *Wonderful Wonderful*, *Lola Versus*, *Michigan*, *High as hope*, *Truth is a beautiful thing*… Son solo pistas, puedes crear tu propia banda sonora.

Sírvete un té o una copa de vino. Sírvete algo delicioso y bello.

Elige el rincón más cómodo, con las mejores vistas. Ignóralas.

¿Silenciarías el móvil? Sería perfecto.

¿Todo listo? Entonces, súbete y… partimos.

La Ilusión del Movimiento

1.

Y aquí, se desvelará el secreto…

En la primera caja guarda arena,

polvos de mundo sobre surcos de cera

como átomos fuera del cuerpo.

Palabras secas bajo el ala del cuervo

nombrando tu nombre en el tiempo que queda

del recuerdo vencido en el vidrio de esfera

de cada segundo vertido en el suelo.

Llámale si has renacido también.

Llámale al terminar la espera.

Equipaje. Destino. Vagón de primera en continuo vaivén.

e.D.

2.

En la segunda caja guarda la calma.

En la palma de su mano el alma tranquila,

el pasaporte esquivo de la inocencia tardía,

desterrado el delirio corre el agua mansa.

Pueden ser los adoquines sueltos de la calle larga,

o el metro que no llega a la estación vacía,

o permanecer despierto sin saber si volvería

al puerto incierto que llamaba su casa.

Rodaba la bicicleta y todo estaba bien

porque "bien" es no haber esperado nada,

ni por cuánto se quedaba ni con quién.

[nada importaba más.]

e.D.

3.

En la caja tercera le espera tu ausencia.

Los inmortales momentos que no fueron,

los fuegos nuevos y hasta luegos

que no prendieron, se perdieron faltos de evidencia.

Sí, aquí guardó dormida la conciencia

escondida invisible entre los huecos

de las llamadas y mensajes como ruegos.

Es fácil saber a la distancia quién aprecia.

Estallan tormentas eléctricas, latidos,

creativos rascacielos vacíos sin dueño.

Ecos del futuro radiarán respuestas sin sentido.

e.D.

4.

¿Sabes?

En una caja que nadie se atreve a abrir

guardo lo extraordinario, raro e infrecuente,

los fragmentos de asteroide que la gente

me dejaba en postales sin advertir

-el Golden Gate o Stonehenge o las calles de París,

en los atardeceres falsos y las fuentes

de piedras frías y esperanzas calientes-

que sembraban en mi mente el deseo de partir.

Mi silueta recortada contra los focos

escribe en la pared que los valientes

sienten lo que sienten y esta vez… ya no son pocos.

5.

No he guardado de entre todas ni una sola

de las banderas y, con ellas, hice hogueras

para que en mi nombre y con piedras de cantera

no esculpieran argumentos en tu contra.

Y, armado con la razón entre las sombras,

renuncié a las naciones duraderas,

abjuré del odio que en trincheras

vestían con historia y con coronas.

Consciente de que la tierra es una porción

de azar que, impaciente, nos espera,

mi patria es la certeza que cuestiona al corazón.

6. Cuidado...

En una caja rota guarda los terrores de la noche,

los miedos nocturnos que aguardan su turno

acechando entre los pliegues de este mundo absurdo

en los rincones burdos de la mentira y el reproche.

En la repisa de la cocina con la botella de ponche,

batallando, aferrado a las esquinas escucha

susurrar tu nombre. Susurrar tu nombre justo

en el instante en que cierra todo como un broche

[perfecto]

e.D.

1.

Alguien vive mis sueños y los guarda y los comparte.

Yo los miro en secreto, a través de pantallas pixeladas

que acallan mis entrañas cuando arañan de pasada

los celos por la extraña fantasía de encontrarte.

Las he visto en redes sociales y galerías de arte,

fotografías de momentos que quería estampadas

en las camisetas que yo dejaba en la colada

esperando un mañana que siempre llega tarde.

Saber que son tan reales como ajenas,

tan populares y viajeras,

me agita y me abate. Me excita y me da pena.

8.

Sobre la cómoda, queda la ropa de estar por casa:

una bata abierta matada por rosa mosqueta,

una moqueta de flores secas en la silla quieta

en la que cruje el tiempo que la traspasa.

Otro espejo, éste en el armario, refleja las brasas

viejas de los párpados y las cejas de las nietas

de las hijas que vistieron los vestidos violeta

airadas con el hombre y el cura que las casa.

Una marabunta cuántica de olvido en láminas

eleva el cuerpo de su madre en un cometa

de renuncias a través del bosque de las ánimas.

e.D.

9.

Vosotras me hablasteis de las noches árticas.

Pertenecíais al club fantasma y, acechantes,

en aquel tiempo, cantaban los cantantes,

y callaban seres ambiciosos de manos pálidas.

Todo podía escribirse en aquellas páginas

en blanco, incluso el teatro de los farsantes

era más brillante que billones de diamantes

sobre un lecho de profecías mágicas.

Habéis caminado en una línea recta y densa,

sin perder el aliento en los instantes

de derrota. Brota un suspiro de la mar inmensa.

10.

En una carpeta en las nubes guardo la memoria

del tiempo de luz,

el intenso destello de aquel cielo azul,

que no podrás borrar de nuestra historia.

Puedes ocultarte en la línea divisoria,

puedes vendarte y envolverte en un tupido tul,

pero, en cada imagen que atesoro y estás tú

laten instantes constantes de pura euforia.

Brillos en el iris que condensan las partículas

de la parte de mi que te llevaste al Sur

y de la parte de ti que siempre cierra mi película.

11.

En una caja dorada guardo la euforia y el júbilo,

y voy a abrirla esta madrugada junto al hogar

para darme aliento, para evitar que el viento al pasar

haga volar las ganas y apague la llama de súbito.

Me asusta detenerme, y convertirme en súbdito

de la apisonadora de sueños de la rutina y el azar.

No voy a rendirme ante los dueños de un bazar

de futuros de saldo que paren este pálpito

inconsciente, inocente, persistente y empeñado

en asaltar satélites lejanos y, créeme, muy capaz,

de romper el velo de todo lo que has dado por sentado.

12.

Sabía que, si me quedaba un segundo más,

pestañearía y habrían pasado diez años,

melancolía arrancada a Stevens en Chicago

que ataría mis pies y rompería mi compás.

Sabía que, si me quedaba, estallaría en un "crash"

tan grande como el vacío de este río extraño

en que me baño por necesidad y por los fallos

y daños del plan de fuga de la puerta de atrás.

Sabía que, si esperaba, 10 años pasarían,

sólo un pestañeo, un suspiro y, quizá, congelado,

habría dejado escapar el sentido de la vida.

13.

Necesito un respiro, una tormenta…

estoy gritando en el vacío y demasiado.

Saturado, necesito una pulsión y un pasado

tatuado en óxido con ferros de imprenta,

destrozar Telecasters al borde de la acera

y colgar del puente otro candado

en el que se lea mi nombre a un lado

y al otro la letra de una canción incompleta.

Cántame, derríbame, no me dejes.

No me dejes entrar en el tornado

y llévame, pausado, entre las sombras que tejes.

14.

Estoy gritando demasiado. Dame una coartada,

una palmada en la espalda, un pronóstico.

Desafía a las compañías de valores microscópicos

con el óxido estático de una espada engrasada,

ensangrentada con júbilos, arañando la mañana.

Cuéntame, cántame, derríbame y súbeme al podio.

No me dejes. No me dejes entrar sobrio,

destrozando Telecasters en esta furia empapada

en la lluvia que no para. No para la lluvia, respira.

Me admira su ira sincera que vira el rumbo con alivio.

Barras de bar, números al azar, en el truco del Ilusionista.

15.

Necesito una caja fuerte para guardar

todos mis demonios en oscuridad densa.

En una inmensa jaula-trampa comienza

el final de esas voces que amenazan despertar.

A veces, consigo ocultar como torpeza una maldad

cierta para una sociedad que mira ciega

y no acepta otro código moral, niega

y entierra la pulsión de un cuerpo ávido de verdad.

Necesito esa caja fuerte y algo de alcohol

para curar las marcas que mis uñas dejan

entre las rejas y no perder el control.

16.

Ando esperando un golpe de suerte.

Verte de lejos para vencer lo improbable,

y probarle a quien me escuche cuando hable

que, a veces, los raros son más fuertes.

Iluminar el bulevar con estrellas inertes,

aquellas lejanas que nos hacen vulnerables,

las que prefieren un baile a un trabajo estable,

ayuda a entender que la rueda se invierte.

Conocerte es la prueba cierta de infinito

y el maldito destino da su rostro amable

porque sabe que espero más de lo que admito.

17.

Cúspide y misterio.

Fuego en el umbral de la perspectiva.

Raza mixta, semilla natural y asertiva

que germina sin criterio.

Termina en silencio,

tritura el espacio y el aire lo esquiva,

como una lluvia de fotones se dispersa a la deriva.

La vida tenía un precio.

En el umbral de la percepción su nombre

recorre mis funciones cognitivas.

Le llaman, en el tiempo de los hombres,

[el Rey Caníbal.]

18.

Atiende al polígrafo.

Déjame libre si lo merezco.

En el deseo desaparezco.

Te tiembla el bolígrafo.

La coartada del cartógrafo

me protege y carezco

de complejos y parezco

conclusión al final del párrafo.

No puedes detenerme, Detective.

Sabes que le pertenezco.

De ti depende que la duda le derribe.

R.C.

19.

Nunca llegará a la Costa de Asfalto

y, de un salto, quedará en suspensión,

colgado de un vacío de inacción,

atrapado en una canción de pena y basalto.

Nunca entenderá que el cielo se toma por asalto,

como Smith y Poole en Desintegración,

emoción e impacto y "para siempre" es una opción

a condición de que no se piense tanto.

Todo apunta a que será víctima del Rey,

devorado sin salir de su prisión

y con la convicción de que todo saldrá okey.

e.D.

20.

¿Guardarías los poemas? ¿Los guardarías?

¿Abrirías tu buzón si una catarata

de hojas ajadas te delata y rescata

palabras virtuales de viejas librerías?

¿Rescatarías al mensajero que se tira a la vía

por un error de caligrafía y una errata…

una muesca en la culata de la historia que relata

y que mata sus miedos escribiendo poesía?

¿Dejarías que te rozaran los versos…

el tiempo que dilata la música de esta sonata

del loco baile en que estamos inmersos?

21.

He convocado sin quererlo a los espectros.

En el techo, un fluorescente tiembla intermitente

y formas y fragmentos siguen mi voz paciente

en un torrente de asombro pendiente de cada uno de mis gestos.

Devolveré con palabras a los fantasmas de los recuerdos

porque las palabras son más fuertes que los recuerdos hirientes

y que los futuros pendientes en cuarto creciente.

Gritar frente a toda esta gente pone fin al juego.

Otros colores, otras formas. Kilómetros de sombra

en dirección a la Costa ocultan lo evidente:

hay otros caminos, otras vías, que fluyen sinuosas como ondas.

e.I.

22.

La cura se deshace entre los nodos y las redes.

No puedes no mirar, no espiar los perfiles,

no sentir cómo te traspasan miles

de proyectiles de deseo si te excedes.

En un segundo, has tirado las paredes

y, aunque no debes, dejas que tus febriles

delirios te dominen. Los más viles.

Y ya no importa que te quedes.

Puedes largarte al infinito

que te seguirán sus ojos juveniles

convertidos en otro de tus mitos.

R.C.

23.

Que está perdida la batalla de antemano,

que no hay perfecto, nítido, ni cósmico,

no hay código ni orden lógico,

ni estrellas de plástico en plano americano.

Ni el compás señala el meridiano,

ni este barco te llevará al trópico

del cómico furor urbano,

como el sueño vano de un cuerpo sabio

cerrando el círculo hipnótico

de hipotéticas razones muertas en los labios.

24.

Dormido… nunca sueño contigo.

Hoy me he dado cuenta.

Miramos demasiado cerca

a través de microscopios enemigos.

Tomemos distancia, quedemos al abrigo

de la perspectiva que intenta

distinguir las formas y almas en venta

del torpe testimonio del testigo.

Te sigo en un camino estelar.

Me consume la belleza violenta

de todo… todo lo que puede explotar.

e.I.

25.

¿Quién ha elegido el camino?

No fuiste tú quien trazó los mapas.

Fue el satélite superponiendo capas

en el GPS, sugiriendo otro destino.

Me inclino a pensar que el peregrino

habitó 200 moteles como Zappa

convencido de que quemando etapa tras etapa

triunfaría su lado femenino.

Ve su nombre pixelado en una pantalla de led.

Ve cómo poco a poco se le escapa

y le atrapan las ondas invisibles de la red.

e.D.

26.

No puedes samplear los destellos,

crear loops de finales perfectos,

dejar que el scratch cubra defectos

ni ponerle a sus sueños tu sello.

Por más que el agua te llegue al cuello

nunca es incorrecto el proyecto

del insurrecto que causa un efecto

sobre su dueño como un rápido atropello.

Si dejas un resquicio al final de la partida

te responderá directo tu enemigo predilecto

que "mientras hay esperanza… hay caída".

R.C.

27.

Vulnerable. Te asolan rayos etéreos.

Arrasan tu alma yerma y amenaza

la tristeza con jugar su baza

de baladas en nítido estéreo.

Lanzan melódicos ataques aéreos

sobre tu tímida coraza

en el crítico momento que aplaza

un sombrío sentimiento pétreo.

Vulnerable. Y sin embargo…

hay en ti un orgullo que rechaza

la mordaza del más largo de los letargos.

e.I.

28.

Un híbrido me ha traído hasta aquí.

Se dibuja la mitad de la ruta

en una impoluta tablet diminuta

que registra las dudas que sentí.

Nunca aposté por mi

y, asediado por verdades absolutas,

he inventado dignas sustitutas

que recuerdan a Elvis y Aura Lee.

Cada vez que te veo caer

un nuevo orden me transmuta.

La costa y la bruma se disputan el amanecer.

29.

Anoche el Ilusionista volvió a hacer su truco.

Invocó palabras ajenas en cadenas de sonido,

sinuosas ondas tonales seduciendo los oídos

de desconocidos en un patio de azulejo y estuco.

Se pierde en su reflejo y por más que le educo

ignora mi consejo y se siente poseído,

imbuido por una fuerza astral que le da sentido

a su discurso de youtuber contra todo lo caduco.

Lo efímero es la trampa que lastra su mundo,

sus followers nunca le han seguido

y al final quedará solo y perdido como un vagabundo.

e.D.

30.

¿No lo ves? Ayer encendiste la noche.

Brillaban los cristales de los coches en tu retina,

mientras un radiocassette de doble pletina

reproducía tu canción como un broche

de oro. Ni un sólo reproche.

Repartían tu logo en pegatinas

y ardían púrpuras las cortinas

al desplegar tus labios un derroche

de motivos para soñar.

Flotan camisetas de Nirvana en la piscina,

y tú, te has convertido en tu avatar.

e.I.

31.

Es sólo una ilusión el movimiento…

un compendio de esquirlas en una vitrina,

un observatorio de nuncas cuando caminas

en la dirección que te lleva el viento.

La ilusión del movimiento se basa en los cimientos

de una breve despedida repentina,

una dulce mentira que te hipnotiza y te fascina

y cauteriza tus heridas sin tu consentimiento.

Si el movimiento son briznas de valor

y el silencio es una fortaleza en ruinas

hasta aquí he llegado callado y sin temor.

32.

Cuando sea partículas y humo

tú te acostarás con el vacío.

En el arcade sólo quedará un crío

rezagado sorbiendo un zumo.

Le quedarán dos partidas a lo sumo

antes de superar el desafío

y marchar a casa con gesto sombrío

y el hastío de la sociedad de consumo.

Habrás ocupado nuevas dimensiones

pero, tu línea temporal es un río

desde el que ese crío recuerda tus traiciones.

R.C.

33.

El deseo es tu resorte

para ocupar dimensiones

drogado con canciones

y una carpeta de recortes

compulsivos. El soporte

de tus locas aspiraciones

de elevar tus emociones

con el viento del Norte.

Te observo y presencio

las grandes ovaciones

que llenan tu silencio.

R.C.

34.

Tú no me conoces. Estás ciego.

Estás a salvo. Estás lejos.

Te protegen los reflejos,

las infografías que despliego,

las voces y los consejos

sobre algoritmos más complejos

que las verdades que te niego.

Si te dejara… colapsarían universos,

y asistiríamos inmersos y perplejos

a la fusión de los átomos dispersos.

35.

Ella siempre corre más que los finales.

A los plurales calóricos, cauta, los esquiva.

Se motiva y fulmina su marca deportiva

escapando de sus deseos criminales,

comprando futuros con cuatro decimales,

en una realidad líquida de inocente narrativa.

Ha cambiado veneno por cadena productiva.

Veo ancianas grises en todos mis canales.

Se proyecta en sombras de tiempo lento,

danza al ritmo loco de clases intensivas,

cautiva de la adictiva ilusión del movimiento.

36.

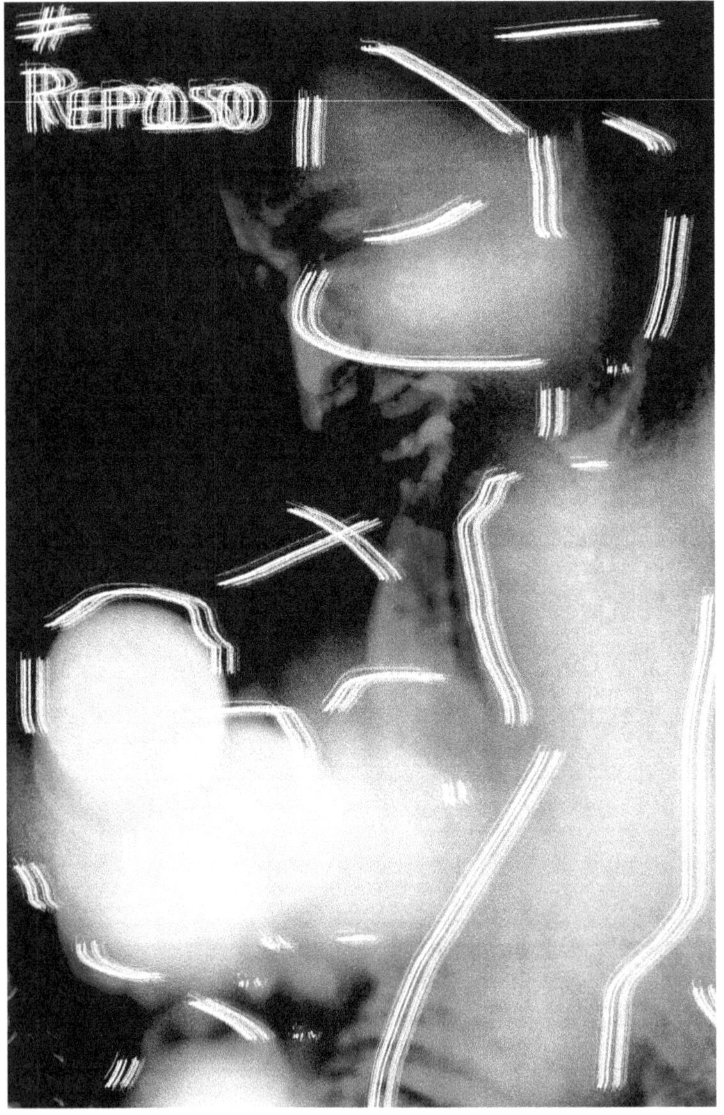

37.

Lo imposible es una habitación vacía,

una melodía mil veces repetida en un temblor,

camuflado aquel latido herido de rencor

en un paisaje de ondas buscando sintonía.

¿Dónde existes?, pregunta la ironía.

No hay cambio, ni futuro, ni esplendor.

Espejismos definen perspectivas desde un ordenador

y el locutor anuncia que tuya es la autoría.

Lo imposible es aferrarte a los resquicios,

agotar la batería y romper la garantía del vendedor…

seguir la vía que te arrastra en dirección al precipicio.

e.D.

38.

Creer en para siempre alarga el viaje.

Si, de repente, tu constante aparece

y te hace vulnerable y un fado escuece

en el aire de la espera salvaje

acuden jueces a quitarte el vendaje.

Un sabotaje que, quieto, te estremece

y dinamita cada una de las veces

que intentaste lo imposible al abordaje.

En el puente de Eiffel la noche se rompe.

Un virus artificial infecta tu PC.

El código fuente, lentamente, se corrompe.

39.

En esa hora oscura se cuelan sombras

en mi retina. Despiertan cuando se apaga

Netflix. Crudas criaturas familiares vagan

por el páramo subconsciente bajo alfombras

de arrepentimiento. Sus fauces me nombran

y etiquetan. La medicina no cura estas llagas.

No detengo el eclipse haga lo que haga.

Sudores gélidos en las sábanas escombran

mi habitación. Se avecinan incoherencias.

Sutiles, invisibles, las sombras me tragan

en la oscura hora de la pérdida de la inocencia.

40.

Se ha reunido el Comité de la Moral

y el veredicto final condena al disidente.

Reincidente invicto, regresa al frente

consciente de que altera el temporal

la suerte de la gente, no su estado mental.

Ni cambiar de canal, ni invocar al Asistente,

ni al cruzar el umbral mostrarse valiente

en un círculo excéntrico de agua, viento y sal

pueden detener a ese torrente de momentos

constantes, con igual materia y un branding diferente,

pero, los mismos miedos violentos.

41.

Ante la puerta del laberinto

el equilibrio se quiebra y parte.

El laberinto se niega a mirarte

y tú lo ves siempre distinto.

No confías en tu instinto

ni cuelgas tu estandarte

en la cúspide del baluarte

de este extraño reino extinto.

La única salida es siempre fugitiva.

Hoy sólo tendrás que preocuparte

del cortafuegos que previene nuestra huída.

R.C.

42.

Ante la puerta del laberinto abierto

sólo queda seguir las huellas y señales,

perseguir los clásicos trazos virtuales

en diseños obsoletos, pero ciertos.

Rigurosos porcentajes de aciertos

en apuestas vencidas a chavales

que ignoran que ellos son rivales

vagando en sus propios desiertos.

Las indicaciones salvan vidas.

Las trascendencias son triviales

distracciones de las sendas aprendidas.

e.D.

43.

Ante la puerta del laberinto… evoca.

Perderse en equinoccios compensa.

Los presagios son la suma extensa

que condensa nuestros pasos y provoca

cataratas de besos en la boca,

cataclismos en la despensa

y borra las huellas de las ofensas

con las que el orgullo se equivoca.

Eres la marea frente al acantilado,

desgastando el tiempo y la roca,

elevándote con el alma del tornado.

e. I.

44.

https://vimeo.com/327261026

45.

46.

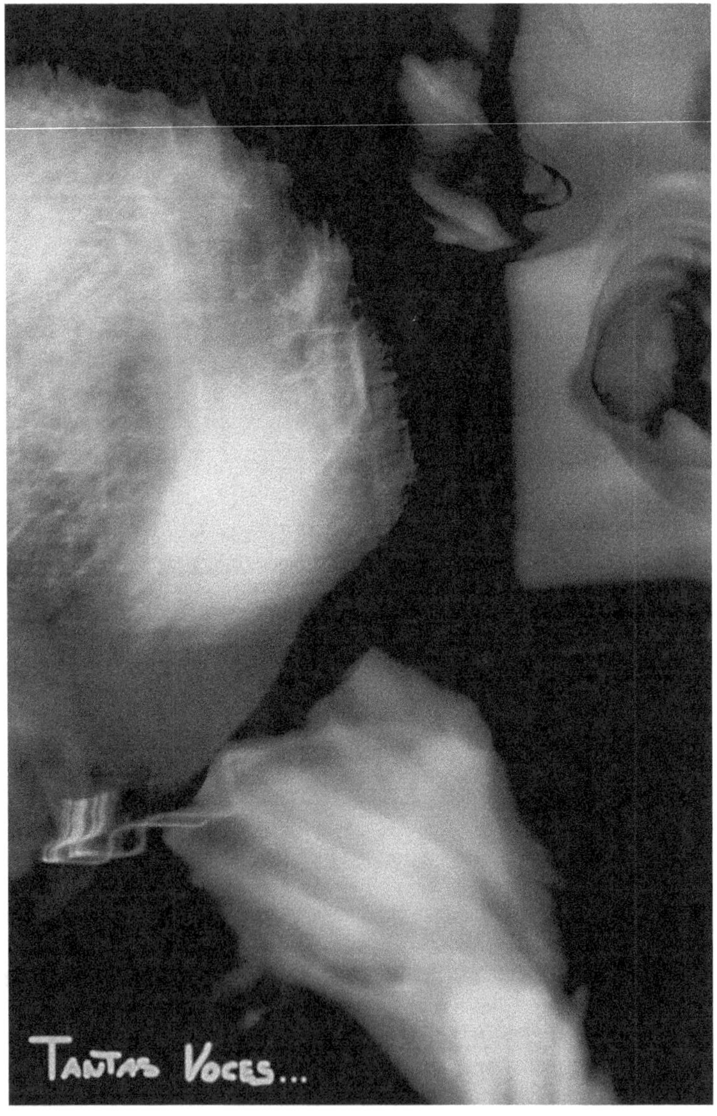

47.

El consenso en vuestro lado del espejo

me convierte en un proscrito.

Por más que repito vuestros ritos

no consigo convertirme en el reflejo

de lo que esperáis de mí y me alejo

porque no poseo ni un pedacito

del frenesí de lo normal. No es un delito.

Por favor, dejadme marchar lejos

al centro de mi universo circular.

Acercarme es negociar en infinitos.

Duele negar a gritos un adiós crepuscular.

48.

Hay más mundos. Hay más escalas.

Hay más acepciones y miradores,

hay más muestras de colores,

más opciones que las que señalas.

Hay más costas con más calas,

hay más notas en los horrores,

más inocentes en los corredores,

más vida en cada desvío en que resbalas.

Hay más mundos y sus polvos cuánticos

se posan en los surcos y ascensores

que suben a los áticos semánticos.

49.

Adyacente y oblicua. Así es la concurrida senda

intermitente que, aparentemente, me aleja

del laberinto. Aceptar mi instinto se asemeja

a una vieja pareja en continua contienda,

a la Leyenda de Zelda esperando en la tienda

que una Nintendo comprenda su gráfica compleja

de color, en el año 92. El jugador despeja

y remata a gol en mi cabeza y hace que emprenda

la huida. Un amigo me ha dado la ruta.

No es la mía, es la suya, pero igual refleja

las dudas, mientras, lentamente, me trasmuta.

50.

En el Café La Maga, La Autora se revela.

En la breve parada se avecina la playa

de acero y hormigón y en la pantalla

de un Iphone un cartel de neón nivela

nuestros miedos. Como en su novela,

al alcance de mi mano, el mundo calla

y Yorke, desde su lúcida atalaya,

me saca de este duermevela.

Quizá… al fin… aquella casa es para mi.

En el Hard Rock Café la Autora se rebela.

Desea sentir. Haber vivido antes de escribir

"el Fin".

51.

En una caja de letras guardo este camino.

La cierro con un precinto a las puertas

de mi último destino. Las horas muertas

me esperan en la seguridad del cristalino

espesor del asfalto. Último asalto al torbellino

del desatino de mis actos. Última reyerta

en fuga y cadencia imperfecta, abierta,

y suspensiva que me convierta en inquilino

de otra luna, más gris y más fría,

más fuerte y más rotunda. Segura y cubierta.

Si lo hiciera… sólo un paso. Todo pasaría.

LA JUSTIFICACIÓN DEL ILUSIONISTA

La acción es mi alimento.

El sustento de mi creación,

el movimiento…

o su ilusión

y, por tanto,

no sé si creo yo o crea el viento,

si yo soy este momento

o el momento es la tentación,

ese espacio incierto

entre la próxima estación,

la próxima parada

y una oscura reacción

frente a todo lo que temo…

a esta mínima porción

de cordura que aún conservo.

ESPOILER DEL MANUAL DE CARACTERIZACIÓN 2020-30.

soy el extremo, soy la coordenada,

soy un kilómetro y una textual estocada;

soy lo puro y soy lo inmenso,

soy inversión a futuro,

y soy capital riesgo,

sin depurar soy algoritmo,

en el alba soy pretérito,

entre tus sábanas alijo,

en tu cocina soy el invierno,

entre palmeras una sombra,

en la montaña soy un verso,

siempre libre, nunca suelto,

soy una pirámide en equilibrio,

invertida, y truncada,

a veces soy misterio,

otras la monotonía,

el último rincón del universo,

soy ballena varada,

soy el último de los primeros,

soy del caos la fuente,

soy un torno en el metro,

a veces dando acceso,

a veces impidiendo retrocesos,

soy la tercera avenida

recorrida a pie desde el museo,

soy la curva de Gauss,

donde se acumulan los complejos,

soy delirio y soy incienso,

soy la leve brisa tras el aguacero,

soy la roca que fulmina

en un impacto duradero

la estructura de acero

del último señuelo...

soy granizo inoportuno

sobre el techo hueco

de un Ford Mondeo,

soy cristalino en la nieve,

soy barro en el Elíseo,

soy el Campo de Santa Margarita,

un cocktail en una plazita,

un invitado al cementerio.

Soy la hoja que araña la luna

y clava sus uñas en la curva

que se forma entre la galaxia

y tu nuca

que se aferra al cuántico instante

en que la materia es derrota

el núcleo fusiona y brotan

las gotas de infinito.

Cuando se rompe la cadena

y colapsa el genoma,

cuando tu mirada se pierde

entre la espuma y la antorcha

que incendia los coches

que paraliza las obras,

que se propaga en las redes

y te susurra las horas,

allí soy un reflejo,

y soy detective,

y soy caníbal,

y soy el mago

que se viste la ropa

del último trovador,

anacrónico señor

de la materia y del tiempo

de tu pensamiento

y de tu imaginación.

ÍNDICE